생생화보로 배우는
상어사전

생생화보로 배우는

상어사전

초판 인쇄 2024년 2월 15일
초판 발행 2024년 2월 22일

지은이 콘텐츠랩
펴낸이 진수진
펴낸곳 굿키즈북스

주소 경기도 고양시 일산서구 대산로 53
출판등록 2013년 5월 30일 제2013-000078호
전화 031-911-3416
팩스 031-911-3417

*본 도서는 무단 복제 및 전재를 법으로 금합니다.
*가격은 표지 뒷면에 표기되어 있습니다.

생생화보로 배우는 상어사전

차례

- 꼬리기름상어 · 6
- 칠성상어 · 8
- 모조리상어 · 10
- 도돔발상어 · 12
- 돔발상어 · 14
- 곱상어 · 16
- 가시줄상어 · 18
- 톱상어 · 20
- 전자리상어 · 22
- 범수구리 · 24
- 괭이상어 · 26
- 삿징이상어 · 28
- 수염상어 · 30
- 얼룩상어 · 32
- 고래상어 · 34
- 강남상어 · 36
- 환도상어 · 38
- 돌묵상어 · 40
- 백상아리 · 42
- 청상아리 · 44
- 악상어 · 46
- 복상어 · 48
- 불범상어 · 50
- 두툽상어 · 52
- 표범상어 · 54
- 행락상어 · 56

- 개상어 · 58
- 별상어 · 60
- 까치상어 · 62
- 무태상어 · 64
- 흉상어 · 66
- 검은꼬리상어 · 68
- 뱀상어 · 70
- 청새리상어 · 72
- 펜두상어 · 74
- 아구상어 · 76
- 홍살귀상어 · 78
- 귀상어 · 80
- 제브라상어 · 82

- 레몬상어 · 84
- 비악상어 · 86
- 모래뱀상어 · 88
- 마귀상어 · 90
- 미흑점상어 · 92
- 황소상어 · 94
- 주름상어 · 96
- 뿔상어 · 98
- 투명상어 · 100
- 가래상어 · 102
- 스웰상어 · 104

01 꼬리기름상어

분 류
동물계 > 척삭동물문 > 연골어강 > 신락상어과

사는곳
전 세계 온대 및 열대 해역

크 기
몸길이 100~140센티미터

먹 이
물고기, 오징어, 낙지, 문어, 새우, 게 등

전 세계 따뜻한 바다에 널리 퍼져 살고 있는 상어입니다. 보통 수심 200~1천 미터에 달하는 깊은 바닷속에 살아 모습을 보기 어렵지요.

꼬리기름상어는 몸길이가 2미터에 달하기도 하지만, 대부분 100~140센티미터 정도 됩니다. 흰빛을 띠는 배와 달리, 등과 옆면은 회갈색이지요. 주둥이는 가늘고 길며 끝이 뾰족합니다. 주둥이 앞부분에 작은 콧구멍이 보이고, 커다란 입에 작고 날카로운 이빨이 가지런히 나 있지요. 위턱의 이빨은 갈고리 모양이며, 아래턱의 이빨은 빗 모양입니다. 하나뿐인 등지느러미는 몸 뒤쪽에 위치하고, 가슴지느러미는 아가미구멍 뒤쪽에 있지요. 그 뒤로 배지느러미가 이어집니다.

꼬리기름상어는 수정란이 어미의 몸 안에서 부화되는 난태생입니다. 한 번에 6~20마리의 새끼를 낳지요. 주요 먹이는 물고기, 오징어, 낙지, 문어, 새우, 게 등입니다.

02 칠성상어

분 류
동물계 〉 척삭동물문 〉 연골어강 〉 신락상어과
사 는 곳
동아시아 바다 · 인도양 · 지중해 등 온대 해역
크 기
몸길이 300센티미터 안팎
먹 이
가오리, 오징어, 문어, 낙지, 상어 등

   주로 육지에서 멀지 않은 곳에 서식합니다. 동아시아 바다를 비롯해 인도양과 지중해 등 따뜻한 해역에 널리 분포하지요. 사람들의 생활공간과 가까운 곳에 살아 이따금 인명 사고를 일으키기도 합니다. 하지만 자신들에게 공격적인 행동을 하지 않으면 크게 위험한 반응을 보이지는 않습니다.

   칠성상어의 등은 청회색 빛을 띠며, 적갈색 반점이 흩어져 있습니다. 머리와 주둥이가 넓은 편으로, 주둥이 앞쪽이 둥그런 모습이지요. 몸 뒤쪽에 하나의 등지느러미가 있고, 가슴지느러미에 비해 배지느러미는 작습니다. 또한 많은 상어들이 그렇듯 위턱이 튀어나와 있고, 자그마한 아래턱에는 들쑥날쑥한 크기의 날카로운 이빨이 보입니다.

   칠성상어는 배 속에서 새끼를 부화시키는 난태생입니다. 한 번에 80여 마리의 새끼를 낳기도 하는데, 다 자라면 크기가 300센티미터에 달하지요. 가오리, 문어 등을 비롯해 다른 상어를 잡아먹기도 합니다.

03 모조리상어

분 류
동물계 〉 척삭동물문 〉 연골어강 〉 돔발상어과

사 는 곳
한국, 일본, 중국, 대만, 오스트레일리아, 멕시코, 마다가스카르 연안

크 기
몸길이 40~70센티미터

먹 이
물고기, 오징어, 새우, 게 등

수심 150미터가 넘는 깊은 바다에 서식합니다. 우리나라와 일본, 중국, 대만, 오스트레일리아, 멕시코, 마다가스카르 연안에 분포하지요. 곱상어와 비슷하게 생겼지만, 몸 크기가 조금 작습니다. 소형 상어로 분류하지요. 전체적으로 몸이 길고 머리가 납작한 모습입니다. 주둥이는 짧고 뾰족한 편이며, 가슴지느러미가 길지요.

모조리상어는 수컷보다 암컷의 몸집이 더 큽니다. 몸길이가 암컷은 55~70센티미터인데 비해 수컷은 40~58센티미터지요. 몸 색깔은 등 부분이 회갈색, 배 부분은 담색이고요. 암컷은 난태생으로 번식하는데, 한배에 1~4마리의 새끼를 낳습니다. 갓 태어난 새끼의 몸길이는 25~30센티미터 정도입니다.

모조리상어는 번식기를 제외하고 대부분 단독생활을 합니다. 주요 먹이는 물고기, 오징어, 새우, 게 등이지요. 모조리상어는 15년 남짓 자라야 짝짓기를 할 수 있는 성체가 됩니다.

04 도돔발상어

분 류
동물계 〉 척삭동물문 〉 연골어강 〉 돔발상어과
사 는 곳
한국 남해, 일본, 중국, 필리핀, 오스트레일리아 등
크 기
몸길이 65~100센티미터
먹 이
물고기, 오징어, 문어, 새우. 게 등

　많은 상어들이 그렇듯 주둥이가 길고 뾰족합니다. 2개의 등지느러미 앞쪽에 단단한 가시가 한 개씩 삐져나와 있지요. 첫 번째 등지느러미는 가슴지느러미 바로 뒤에서 시작되고, 두 번째 등지느러미는 배지느러미와 제법 간격을 두고 있습니다. 그와 같은 등지느러미의 위치로 돔발상어와 구분하지요. 뒷지느러미는 없습니다. 몸 색깔은 등 부분이 회갈색이고, 배 부분은 회백색을 띱니다.

　도돔발상어의 몸길이는 65~100센티미터입니다. 우리나라 남해와 일본, 중국, 필리핀, 오스트레일리아 등에 분포하지요. 대개 수심 150~300미터 지역에 서식합니다. 주로 물고기, 오징어, 문어, 새우. 게 등을 잡아먹고 살지요. 수정란이 어미의 몸 안에서 부화되는 난태생으로 번식합니다. 임신 기간이 무려 2년으로 알려져 있으며, 한배에 10마리 안팎의 새끼를 낳지요. 임신 기간만큼 수명도 길어 50~70년까지 산다고 합니다.

05 돔발상어

분 류
동물계 〉 척삭동물문 〉 연골어강 〉 돔발상어과
사 는 곳
한국, 중국, 일본, 대만, 오스트레일리아 등
크 기
몸길이 70~100센티미터
먹 이
물고기, 오징어, 새우, 게 등

    2개의 등지느러미 앞에 가시가 하나씩 솟아 있습니다. 그 가시는 홈이 없는 매끈한 형태지요. 돔발상어의 등지느러미는 도돔발상어에 비해 가슴지느러미가 끝나는 부분보다 조금 앞쪽에서 시작됩니다. 그와 같은 작은 차이가 두 종류의 상어를 구분하는 특징이지요. 뒷지느러미는 없습니다. 그 밖에 돔발상어는 머리가 위아래로 납작하고, 몸이 통통하면서도 전체적으로 길쭉한 모습입니다. 기다란 주둥이의 끝은 둥그스름한 편이지요.

    돔발상어는 피부 촉감이 거친 느낌입니다. 몸 색깔은 등 부분이 푸른빛이 감도는 갈색을 띠고, 배 부분은 회백색이지요. 대개 100~500미터 깊이의 바다에서 생활하지만, 때로는 그보다 수백 미터나 더 내려가 서식한다고 합니다. 주요 분포지는 한국, 중국, 일본, 대만, 오스트레일리아 등이지요. 번식 방법은 난태생이며, 암컷이 약 2년의 임신 기간을 거쳐 4~10마리의 새끼를 낳습니다. 성체의 몸길이는 70~100센티미터 정도 되지요. 주로 물고기, 오징어, 새우, 게 등을 먹이로 삼습니다.

06 곱상어

분 류
동물계 〉 척삭동물문 〉 연골어강 〉 돔발상어과
사 는 곳
한국, 일본, 미국 서해안, 인도양, 북대서양 등
크 기
몸길이 80~130센티미터
먹 이
대구, 명태, 오징어, 문어 등

'기름상어'라고도 합니다. 몸에 지방질이 풍부해 붙은 별명이지요. 곱상어의 몸은 방추형으로 생겼습니다. 무 뿌리같이 가운데가 굵고 양끝으로 감에 따라 점점 가늘어진다는 뜻이지요. 또한 눈이 크고 주둥이가 길며, 콧구멍에 잘 발달된 1개의 돌기가 있습니다. 등지느러미는 2개인데, 앞쪽에 짧은 가시가 1개씩 솟아 있지요. 몸 색깔은 등 부분이 청회색이고, 배 부분은 하얗습니다. 몸길이는 80~130센티미터쯤 되고요.

곱상어는 한국, 일본, 미국 서해안 등 북태평양을 중심으로 분포합니다. 아울러 인도양과 북대서양에서도 흔히 발견되지요. 온대와 아한대 해역에 널리 서식하기 때문입니다. 곱상어가 좋아하는 수심은 70~150미터로 알려져 있습니다. 하지만 산란기에는 그보다 얕은 바다로 이동해, 난태생 어류답게 10마리 안팎의 새끼를 낳지요. 평균 수명은 50~70년이고, 대구 같은 물고기와 연체동물을 즐겨 잡아먹습니다.

07 가시줄상어

분 류
동물계 〉 척삭동물문 〉 연골어강 〉 가시줄상어과

사 는 곳
전 세계 바다

크 기
몸길이 18~45센티미터

먹 이
물고기, 오징어, 문어, 새우 등

 소형 상어에 속합니다. 몸길이가 18~45센티미터밖에 안 되지요. 몸통도 굵지 않은데, 눈은 상대적으로 매우 커다랗습니다. 2개의 등지느러미 간격이 넓고, 각각 앞쪽에 가시가 솟아 있지요. 뒤쪽 등지느러미의 가시가 좀 더 발달했습니다. 입은 별로 크지 않지만, 입 속에는 상어답게 강한 이빨이 나 있지요.

 가시줄상어의 몸 색깔은 전체적으로 검은빛을 띱니다. 전 세계 바다에 두루 분포하며, 서식하는 수심의 범위도 무척 넓지요. 수심 100미터가 조금 넘는 곳을 비롯해 1천 미터가 훌쩍 넘는 바닷속에도 서식합니다. 많은 상어들이 단독생활을 하지만, 가시줄상어는 무리지어 다니며 먹이 활동을 하기도 하지요. 주요 먹이는 물고기, 오징어, 문어, 새우 등입니다.

 참고로, 전 세계에 분포하는 상어는 모두 350종에 달합니다. 그 중 80퍼센트 이상은 몸길이가 2미터 이하지요. 겨우 15센티미터 정도에 불과한 종도 있습니다.

08 톱상어

분 류
동물계 〉 척삭동물문 〉 연골어강 〉 톱상어과

사 는 곳
남아프리카에서 오스트레일리아에 이르는 해역

크 기
몸길이 120~180센티미터

먹 이
물고기, 오징어, 문어, 새우, 게 등

　특이한 주둥이 모습으로 잘 알려진 상어입니다. 가늘고 기다란 톱 모양의 입을 가졌지요. 톱상어의 주둥이는 먹잇감을 제압하는 데 강력한 무기가 됩니다. 검과 비슷한 형태에 날카로운 이빨이 톱날처럼 나 있어 상대를 죽이거나 베는 역할을 하지요. 또한 톱상어는 전체적인 몸 색깔이 붉은빛이 감도는 누런색인데, 특히 주둥이의 색이 더 누렇습니다. 그 밖에도 주둥이 아래쪽에 난 2개의 기다란 입수염과 분수공이 있는 것도 눈에 띄는 특징입니다. 분수공은 물이나 공기가 드나드는 역할을 하지요.

　톱상어는 남아프리카에서 오스트레일리아에 이르는 해역에 주로 분포합니다. 우리나라와 일본의 연안에서도 목격되지요. 대부분 수심 40미터 이하의 얕은 바다에 서식합니다. 몸길이는 120~180센티미터이며, 번식기의 암컷은 난태생으로 한배에 12마리 안팎의 새끼를 낳습니다. 아울러 주요 먹이는 물고기와 오징어, 문어, 새우, 게 등입니다.

09 전자리상어

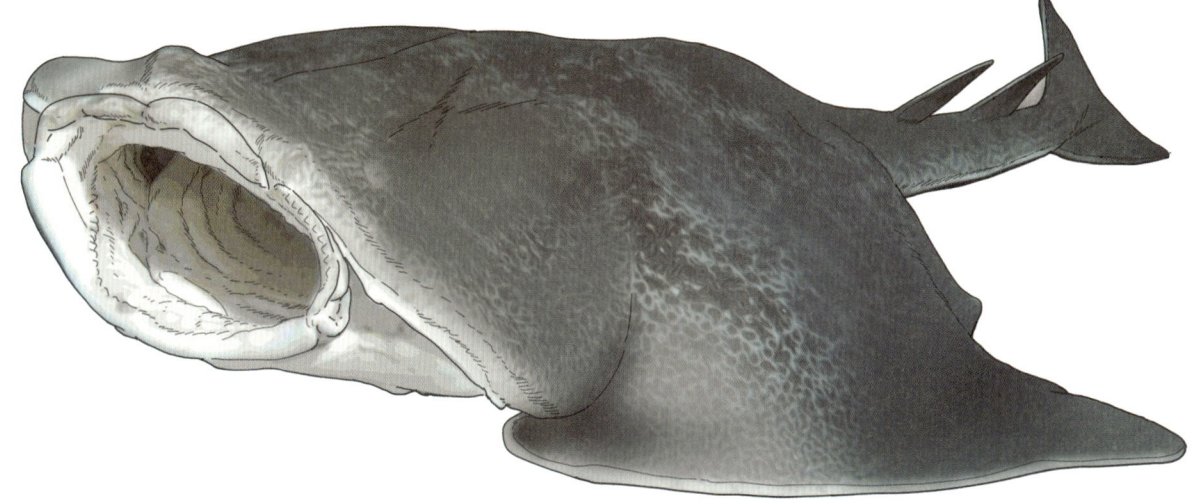

분 류
동물계 〉 척삭동물문 〉 연골어강 〉 전자리상어과
사 는 곳
한국의 남해를 비롯해 일본, 중국 등
크 기
몸길이 120~200센티미터
먹 이
민어, 가자미 등 물고기와 오징어 같은 연체동물

　가오리와 비슷하게 생긴 특이한 모습의 상어입니다. 몸길이 120~200센티미터에, 머리와 몸의 폭이 넓으며 위아래로 납작하지요. 몸 색깔은 등 부분이 어두운 갈색을 띠는데, 작고 거무스름한 점이 불규칙하게 흩어져 있습니다. 배 부분의 색깔은 크림색에 가깝고요. 또한 눈 사이 간격과 입이 넓고, 가슴지느러미가 좌우로 벌어진 형태입니다. 2개의 작은 등지느러미 앞에서 머리 뒤까지 가시들이 줄지어 나 있는 것도 개성적인 모습이지요.

　전자리상어는 우리나라와 일본, 중국 등에 분포합니다. 수심 100미터 안팎의 바다에서 주로 서식하지요. 바닷속 모래에 몸을 숨기고 있다가 먹잇감이 지나가면 재빨리 사냥합니다. 주요 먹이는 민어, 가자미 등 물고기와 오징어 같은 연체동물이지요. 이빨이 날카로워 한 번 잡은 먹잇감은 좀처럼 놓치는 법이 없다고 합니다. 번식기의 암컷은 한배에 10마리 안팎의 새끼를 낳습니다.

10 범수구리

분류
동물계 > 척삭동물문 > 연골어강 > 전자리상어과

사는곳
한국, 일본, 대만 등

크기
몸길이 160~300센티미터

먹이
다양한 물고기와 오징어 같은 연체동물

　전자리상어보다 몸길이가 길지만 전체적인 생김새는 무척 닮았습니다. 다만 가슴지느러미의 모양이 다르고, 크기가 더 크다는 차이가 있지요. 또한 등 부분의 색깔이 청갈색을 띠며, 흰색 반점이 흩어져 있는 것도 다른 점입니다. 그 밖에 범수구리는 호흡할 때 물을 들이마시는 분수공이 뚜렷하게 보이는 특징이 있습니다.

　범수구리는 우리나라와 일본, 대만 해역에 주로 분포합니다. 몸길이는 160~300센티미터에 이르지요. 수심 100미터 안팎의 바다에 서식하며, 모래 바닥에 몸을 숨기고 있다가 먹잇감이 지나가면 재빨리 잡아먹는 습성도 전자리상어와 비슷합니다. 주요 먹잇감 역시 물고기와 연체동물이지요. 물론 난태생으로 번식하는 점도 똑같습니다.

괭이상어

분류
동물계 〉 척삭동물문 〉 연골어강 〉 괭이상어과

사는곳
한국, 일본, 중국, 아프리카 대륙의 동쪽 바다

크기
몸길이 100~120센티미터

먹이
물고기, 오징어, 새우, 게, 소라, 고둥 등

　방추형 몸에 크고 단단한 머리를 가졌습니다. 눈이 머리 위쪽에 위치하며, 주둥이가 뭉툭하지요. 몸 색깔은 전체적으로 갈색 바탕이고, 그보다 더 짙은 갈색 줄무늬를 띠처럼 두른 모습입니다. 등지느러미는 2개인데, 앞쪽에 각각 날카로운 가시가 하나씩 솟아 있지요. 몸길이는 100~120센티미터 정도입니다.

　괭이상어는 한국, 일본, 중국을 비롯해 아프리카 대륙의 동쪽 바다에 분포합니다. 수심 40미터가 넘지 않는 연안에 주로 서식하지요. 평소 활동 범위가 넓지 않은 상어로, 성질도 온순한 편입니다. 번식기의 암컷은 한 번에 수정된 10개 안팎의 알을 낳지요. 알은 11개월 남짓 지나서 부화합니다. 많은 상어들이 난태생인데 비해 괭이상어는 난생이지요.

　괭이상어의 주요 먹이는 물고기, 오징어, 새우, 게 등입니다. 그 밖에 소라와 고둥 등의 껍데기를 깨서 속살을 먹기도 합니다.

12 삿징이상어

분 류
동물계 > 척삭동물문 > 연골어강 > 괭이상어과

사는곳
한국, 일본, 중국, 동인도제도 등

크 기
몸길이 70~120센티미터

먹 이
소라, 고둥, 새우, 게, 성게, 물고기 등

　몸의 형태가 가늘고 기다랗습니다. 몸길이는 70~120센티미터지요. 머리가 크고 단단하며, 주둥이가 뭉툭한 모습입니다. 여느 상어처럼 5쌍의 아가미구멍을 가졌지요. 전체적으로는 괭이상어와 비슷한데 몸 색깔이 좀 다릅니다. 삿징이상어는 황갈색 또는 회백색 바탕에 짙은 갈색 줄무늬를 두르고 있지요. 배 부분은 청백색을 띠고요.

　삿징이상어는 한국, 일본, 중국, 동인도제도 등에 분포합니다. 수심 100미터 안팎의 따뜻한 바다를 좋아하지요. 모래나 바위가 깔린 바다 바닥에 주로 서식합니다. 괭이상어처럼 난생으로 번식하며 소라, 고둥, 새우, 게, 성게 등을 즐겨 잡아먹지요. 단단한 이빨을 가져 갑각류나 패류의 껍데기를 깨는 데 아무런 문제가 없습니다. 다만 활동량이 많거나 활동 범위가 넓지는 않지요.

13 수염상어

분류
동물계 > 척삭동물문 > 연골어강 > 수염상어과

사는곳
한국, 일본, 중국, 필리핀, 오스트레일리아 등

크기
몸길이 85~100센티미터

먹이
얕은 바다에 사는 물고기와 갑각류 등

　머리와 입 주변에 여러 개의 돌기가 있는데, 그것이 수염처럼 보여 지금의 이름으로 불리게 됐습니다. 몸길이는 약 85~100센티미터지요. 전체적으로 머리 부분이 크고 넓으며, 뒤로 갈수록 점점 가늘어지는 몸의 형태를 갖고 있습니다. 주둥이가 짧고 둥글며, 분수공이 크고, 두 번째 등지느러미가 꼬리지느러미와 바짝 붙어 있는 점도 눈에 띄는 특징이지요. 몸 색깔은 적갈색 바탕에, 짙은 갈색 줄무늬와 흰 반점이 어우러진 모습이고요.

　수염상어는 한국, 일본, 중국, 필리핀, 오스트레일리아 등의 해역에 분포합니다. 주로 수심이 낮은 연안이나 해조류와 산호초가 풍부한 바다에 서식하지요. 난태생으로 번식하며, 얕은 바다에 사는 물고기와 갑각류 등을 잡아먹습니다. 수염상어는 야행성 상어로 활동 범위가 넓지 않지요. 낮에는 별 움직임 없이 한 자리에 머물러 있는 경우가 많습니다.

14 얼룩상어

분 류
동물계 > 척삭동물문 > 연골어강 > 얼룩상어과

사는곳
한국, 일본, 대만, 중국, 필리핀, 인도네시아, 스리랑카, 인도 등

크 기
몸길이 90~110센티미터

먹 이
작은 물고기와 오징어, 문어 등

    몸길이 90~110센티미터 정도 되는 소형 상어입니다. 전체적으로 가느다란 형태의 몸을 갖고 있지요. 머리는 짧고 납작하며, 콧구멍과 입 사이에 한 쌍의 수염이 나 있고, 몸에 비해 꼬리지느러미가 짧은 것이 특징입니다. 몸 색깔은 옅은 갈색 바탕에, 13줄의 짙은 갈색 띠를 두른 모습이지요. 거기에 흰색 반점이 폭넓게 어우러져 있고요.

    얼룩상어는 수심이 깊지 않은 바다에 서식합니다. 주로 인도양과 태평양의 따뜻한 해양에서 발견되지요. 분포지는 우리나라를 비롯해 일본, 대만, 중국, 필리핀, 인도네시아, 스리랑카, 인도, 싱가포르, 파키스탄 등입니다.

    얼룩상어는 저서성 어류에 속합니다. 저서성이란, 바다 밑바닥을 기어 다니며 먹이 활동을 하는 것을 가리키지요. 주요 먹이는 작은 물고기와 오징어, 문어 등입니다. 번식 형태는 난태생이며, 물 밖에 내놓아도 몇 시간은 버틸 만큼 생명력이 강하다고 알려져 있습니다.

고래상어

분 류
동물계 > 척삭동물문 > 연골어강 > 고래상어과
사 는 곳
전 세계의 온대와 열대 먼 바다
크 기
몸길이 12~18미터
먹 이
새우, 플랑크톤, 오징어, 갑각류 등

　전 세계의 상어 종류는 400여 종에 달합니다. 그 중에서 몸길이가 가장 작은 상어는 20센티미터 안팎에 불과하지요. 그에 비해 몸길이가 가장 긴 상어는 12~18미터에 이릅니다. 바로 고래상어가 그렇지요. 고래상어는 몸무게도 15~20톤이나 됩니다. 그야말로 엄청난 몸집을 자랑하는 상어지요. 그럼에도 성질은 아주 온순합니다.

　고래상어는 등 부분의 몸 색깔이 회색이나 푸른색, 갈색을 띱니다. 배 부분은 흰색이고요. 배를 제외한 몸에 흰 반점과 수직의 줄무늬가 보이는 특징도 있지요. 또한 양 턱에 300개나 되는 작은 이빨이 촘촘하게 나 있습니다. 따라서 날카롭지 않은 이빨로 먹이를 사냥하기보다는 물을 들이켠 다음 스펀지처럼 생긴 막을 이용해 새우나 플랑크톤을 걸러 먹지요. 그 막을 가리켜 '새파'라고 합니다.

　고래상어는 전 세계의 따뜻한 바다에 분포합니다. 하지만 그 수가 별로 없어 멸종 위기에 처해 있지요. 아직도 번식 형태가 난생인지 난태생인지조차 명확히 밝혀지지 않았을 만큼 연구할 점이 많은 신비한 상어입니다.

16 강남상어

분 류
동물계 〉 척삭동물문 〉 연골어강 〉 강남상어과

사 는 곳
태평양, 인도양, 대서양

크 기
몸길이 80~110센티미터

먹 이
작은 물고기와 오징어 등

　성질이 포악해 사람에게도 해를 끼칠 수 있는 몇몇 상어 종류 가운데 하나입니다. 백상아리, 청상아리 같은 악상어의 일종이지요. 우리나라를 비롯해 태평양, 인도양, 대서양 등 전 세계 바다에서 볼 수 있습니다. 온대, 열대, 아열대 해역에 두루 분포하지요. 수심 300~600미터에 서식합니다.

　강남상어는 몸길이가 80~110센티미터 정도입니다. 방추형 몸에 원뿔형의 기다란 주둥이, 커다란 눈, 5쌍의 아가미구멍, 날카로운 이빨을 갖고 있지요. 첫 번째 등지느러미가 가슴지느러미보다 훨씬 뒤쪽에 위치하는 것도 눈에 띄는 특징입니다. 몸 색깔은 등 부분이 짙은 갈색, 배 부분은 옅은 갈색이고요.

　강남상어는 난태생으로 번식하며, 암컷이 한배에 4마리 안팎의 새끼를 낳습니다. 주로 작은 물고기와 오징어 등을 잡아먹지요.

17 환도상어

분류
동물계 〉 척삭동물문 〉 연골어강 〉 환도상어과

사는곳
태평양, 인도양, 대서양

크기
몸길이 300~500센티미터

먹이
작은 물고기와 오징어 등

　우리나라 해역을 비롯한 태평양과 인도양, 대서양에 분포하는 상어입니다. 온대, 아열대, 열대 해역에 고루 분포하지요. 주로 육지에서 먼 바다에 서식해 '원양환도상어'라고 부르기도 합니다. 환도상어는 수심 150미터 이상의 환경을 좋아하지요.

　환도상어는 방추형 몸에 짧은 주둥이, 첫 번째 등지느러미에 비해 유난히 작은 두 번째 등지느러미를 가진 개성 있는 모습입니다. 아울러 꼬리지느러미 위쪽이 매우 길어 단박에 눈길을 사로잡지요. 몸길이는 300~500센티미터까지 성장합니다. 몸 색깔은 등 부분이 푸른빛을 띠는 회색이나 흑색이고, 배 부분은 흰색에 가깝지요. 다만 가슴지느러미부터 턱 쪽으로는 어두운 빛을 나타냅니다.

　환도상어는 주로 물고기와 오징어 등을 잡아먹고 삽니다. 번식은 난태생으로 하는데, 암컷이 한배에 2마리 안팎의 새끼를 낳는 것으로 알려져 있지요.

18 돌묵상어

분류
동물계 > 척삭동물문 > 연골어강 > 돌묵상어과

사는곳
태평양, 대서양

크기
몸길이 10~15미터

먹이
플랑크톤, 새우, 작은 물고기 등

　전 세계 400여 종의 상어 가운데 두 번째로 큽니다. 몸집이 가장 큰 것은 고래상어지요. 돌묵상어의 몸길이는 10~15미터에 달합니다. 몸무게도 10~17톤이나 되지요. 그러나 덩치만 클 뿐 성질이 온순해 사람에게는 피해를 주지 않는다고 합니다.
　돌묵상어는 태평양과 대서양의 따뜻한 바다에 분포합니다. 입을 크게 벌리고 바닷속을 헤엄쳐 다니면서 플랑크톤이나 새우, 작은 물고기 등을 잡아먹지요. 물은 아가미를 통해 빼내는데, 한 시간 동안 걸러내는 물의 양만 해도 2천 톤이나 될 만큼 엄청납니다. 고래상어처럼 이빨이 몸에 비해 아주 작아 커다란 먹잇감을 직접 사냥하지는 않지요. 그 대신 아가미구멍이 머리에서 배까지 이어질 만큼 길어서 물을 이용해 먹이를 걸러 먹기 편리합니다.
　돌묵상어는 아직도 난생인지 난태생인지조차 정확히 밝혀지지 않았습니다. 임신 기간도 3년쯤 된다고 추측할 뿐이지요. 오랫동안 사람들이 돌묵상어의 간을 얻기 위해 남획하는 바람에 지금은 멸종 위기에 처해 있습니다.

19 백상아리

분 류
동물계 > 척삭동물문 > 연골어강 > 악상어과

사는곳
태평양, 인도양, 대서양

크 기
몸길이 300~600센티미터

먹 이
물고기, 오징어, 바다사자, 바다표범, 물개, 돌고래, 바다새 등

　영화 〈조스〉에 등장하는 상어입니다. 성질이 매우 난폭한 것으로 알려져 있지요. 바다에서는 최상위 포식자로 손꼽힙니다. 몸길이 300~600센티미터에, 몸무게는 500~1200킬로그램쯤 되지요. 암컷이 수컷보다 더 큽니다.

　백상아리는 태평양, 인도양, 대서양의 온난한 바다에 분포합니다. 연안과 먼 바다에 고루서식하면서, 실제로 사람을 해치고는 하지요. 그래서 '식인상어'라는 달갑지 않은 별명을 얻기도 했습니다. 주로 물고기를 비롯해 오징어 같은 연체동물을 잡아먹지만 바다사자, 바다표범, 물개, 돌고래, 바다새 등을 해치기도 합니다. 바다의 최상위 포식자답게 배를 채울 만한 것이면 무엇이든 닥치는 대로 먹어치우지요.

　백상아리는 첫 번째 등지느러미가 커다랗고 뾰족하게 솟은 것이 눈에 띕니다. 몸 색깔은 등 부분이 회색이고, 배 부분은 흰색이지요. 난태생으로 번식하며, 암컷이 한배에 10마리 안팎의 새끼를 낳습니다. 임신 기간은 11개월 정도지요.

20 청상아리

분류
동물계 > 척삭동물문 > 연골어강 > 악상어과

사는곳
태평양, 인도양, 대서양

크기
몸길이 250~500센티미터

먹이
물고기, 연체동물, 물개, 돌고래, 바다 생물의 사체 등

　방추형 몸을 재빠르게 움직이는 상어입니다. 상어 종류 가운데 가장 빨라, 시속 70킬로미터 이상의 속도로 헤엄칠 수 있다고 하지요. 그만큼 활동 반경이 넓습니다. 태평양, 인도양, 대서양의 따뜻한 바다에 널리 분포하지요. 주로 물고기, 연체동물, 물개, 돌고래 등을 비롯해 바다 생물의 사체까지 먹어치웁니다.

　청상아리의 몸길이는 250~500센티미터입니다. 몸무게도 대부분 300킬로그램 이상 되지요. 몸 색깔은 등 부분이 청색을 띠고, 배 부분은 흰색입니다. 첫 번째 등지느러미에 비해 두 번째 등지느러미가 아주 작고, 꼬리지느러미는 초승달 모양이지요. 주둥이는 원뿔형으로 끝이 뾰족한 편이고, 이빨의 형태는 가늘고 매끄러우면서도 날카롭습니다. 그래도 백상아리 이빨의 가장자리가 톱니 모양인 것과 비교하면 조금은 부드러워 보인다고 할 수 있지요. 난태생으로 번식하며, 암컷은 한배에 10마리 안팎의 새끼를 낳습니다.

21 악상어

분 류
동물계 〉 척삭동물문 〉 연골어강 〉 악상어과

사 는 곳
북태평양

크 기
몸길이 300센티미터 안팎

먹 이
연어, 정어리, 오징어 등

'연어상어'라고 불리기도 합니다. 연어를 즐겨 잡아먹기 때문에 붙은 별명이지요. 우리나라와 일본, 미국, 멕시코와 맞닿아 있는 북태평양을 중심으로 분포합니다. 수심 150미터를 넘지 않는 온대와 한대 바다에 주로 서식하지요. 여느 상어에 비해 수온이 낮은 바다를 좋아하는 편입니다. 또한 백상아리와 닮아 사나워 보이지만, 사람에게 직접적인 피해를 입힌 사례는 거의 없지요.

악상어는 몸길이가 300센티미터 안팎입니다. 몸무게는 180킬로그램 정도고요. 하지만 몸무게가 400킬로그램이 넘을 만큼 몸집이 큰 개체도 있습니다. 몸 색깔은 등 부분이 청회색을 띠고, 배 부분은 흰색에 가깝지요. 배에 검은 반점이 불규칙하게 퍼져 있는 것도 개성적인 모습입니다. 악상어의 주요 먹이는 연어를 비롯해 정어리, 오징어 등입니다. 대부분 단독생활을 하다가 번식기가 되어서야 짝을 이루지요. 난태생으로, 암컷이 9개월의 임신 기간을 거쳐 2~5마리의 새끼를 낳습니다.

22 복상어

분 류
동물계 > 척삭동물문 > 연골어강 > 두툽상어과

사 는 곳
한국, 일본, 대만, 오스트레일리아, 뉴질랜드 등

크 기
몸길이 90~150센티미터 안팎

먹 이
물고기, 오징어, 새우, 게 등

　상어 종류 가운데 개체 수가 많은 편입니다. 한국, 일본, 대만, 오스트레일리아, 뉴질랜드 해역에 분포하지요. 태평양 북서부에서는 100~200미터 안팎의 수심에 주로 서식하지만, 오세아니아 대륙 인근에서는 수심 600미터 이상에서 발견되기도 합니다. 성체의 몸길이는 90~150센티미터 정도지요.

　복상어는 머리가 납작하고 주둥이가 뾰족한 모습입니다. 2개의 등지느러미는 모두 몸 뒤쪽에 자리잡고 있지요. 몸 색깔은 등 부분이 회갈색 바탕에 어두운 갈색 무늬가 있고, 배 부분은 훨씬 밝은 연회색 빛을 띱니다. 주요 먹이는 물고기와 오징어 같은 연체동물, 갑각류 등이지요. 번식은 난생으로 하는데, 암컷이 한 번에 2개 안팎의 알을 낳는 것으로 알려져 있습니다. 하지만 복상어의 생태에 관해서는 아직 밝혀지지 않은 것이 더 많지요. 다만 사람에게 피해를 입히는 상어는 아니라고 합니다.

23 불범상어

분 류
동물계 〉 척삭동물문 〉 연골어강 〉 두툽상어과
사 는 곳
한국, 일본, 중국, 대만, 필리핀 등
크 기
몸길이 50센티미터 안팎
먹 이
물고기, 오징어, 새우, 게, 갯가재 등

　한국, 일본, 중국, 대만, 필리핀 등의 연안에 분포하는 상어입니다. 바다 밑바닥을 기어 다니며 먹이 활동을 하는 저서성 어류로, 주로 수심 80~100미터에 서식하지요. 물고기, 오징어, 새우, 게, 갯가재 등을 먹이로 삼습니다.

　불범상어는 성체의 몸길이가 50센티미터 안팎인 소형 상어입니다. 몸 색깔은 전체적으로 연한 갈색을 띠지요. 아울러 등 부분에는 진한 갈색의 세로 줄무늬가 있고, 등과 배 쪽 모두에 검은 반점이 흩어져 있습니다. 머리가 작고 납작한 모습이며, 주둥이는 짧고 끝이 둥그스름하지요. 또한 5개의 아가미구멍은 작은 편이고, 눈 바로 뒤에 분수공이 보입니다. 입에는 작은 이빨이 가시처럼 많이 나 있고요.

　불범상어는 난생으로 번식합니다. 암컷은 번식기에 7개 안팎의 알을 낳지요.

24 두툽상어

분 류
동물계 > 척삭동물문 > 연골어강 > 두툽상어과

사 는 곳
한국, 중국, 일본, 대만, 필리핀 등

크 기
몸길이 50센티미터 안팎

먹 이
물고기, 오징어, 새우, 게 등

수심 200~300미터의 바다 밑바닥을 기어 다니며 먹이 활동을 하는 저서성 어류입니다. 한국, 중국, 일본, 대만, 필리핀 등의 연안에 분포하지요. 성체의 몸길이가 50센티미터 안팎인 소형 상어입니다. 주로 물고기와 오징어, 새우, 게 등을 잡아먹고 살지요.

두툽상어는 몸이 가늘고 머리가 납작한 모습입니다. 2개의 등지느러미는 몸 뒤쪽에 치우쳐 있지요. 주둥이가 짧고 끝이 둥그스름하며, 5개의 아가미구멍이 작은 편입니다. 그 밖에 꼬리지느러미가 짧고, 입 안에 날카로운 이빨이 줄지어 나 있는 것도 눈길을 끌지요. 몸 색깔은 등 부분의 경우 갈색 바탕에 어두운 줄무늬가 6~10개 있으며, 배 부분은 별 무늬 없이 흰빛을 띱니다. 등 쪽에 밝은 반점이 불규칙하게 분포되어 있기도 하고요.

두툽상어는 난생으로 번식하는데, 몸 안에서 수정된 상태로 알을 낳습니다. 그 수는 2개이며, 부화하는 데 7~9개월이 걸리지요. 평균 수명은 12년 안팎으로 알려져 있습니다.

25 표범상어

분 류
동물계 > 척삭동물문 > 연골어강 > 표범상어과

사 는 곳
한국, 일본, 중국 등

크 기
몸길이 50센티미터 안팎

먹 이
물고기, 오징어, 새우, 게, 갯가재 등

　성체의 몸길이가 약 50센티미터 안팎인 소형 상어입니다. 머리가 작고 납작하며, 가늘고 기다란 형태의 몸을 갖고 있지요. 주둥이는 짧고 뾰족한 모습입니다. 눈과 분수공의 간격이 좁고, 여느 상어처럼 5쌍의 아가미구멍이 보이지요. 또한 2개의 등지느러미는 적당한 거리를 두고 균형 있게 나 있습니다. 몸 색깔은 다갈색 바탕에, 배 부분이 흰빛을 띠지요. 그리고 무엇보다 몸 전체에 검은색 반점이 불규칙하게 흩어져 있는 점이 개성적입니다. 거기서 이 상어의 이름이 유래했지요.

　표범상어는 한국, 일본, 중국 등의 연안에 분포합니다. 수심 80~100미터의 바다에 주로 서식하지요. 물고기, 오징어, 새우, 게, 갯가재 등을 즐겨 잡아먹습니다. 번식은 난생으로 하는데, 부착란을 낳지요. 부착란이란, 점액질이나 돌기에 싸여 있어 바위와 수초 등에 잘 붙은 성질을 가진 알을 일컫습니다.

26 행락상어

분 류
동물계 〉 척삭동물문 〉 연골어강 〉 까치상어과

사 는 곳
한국, 일본, 대만을 비롯한 북태평양

크 기
몸길이 110~170센티미터

먹 이
물고기, 오징어 등

　한국, 일본, 대만을 비롯해 북태평양 해역에 분포하는 상어입니다. 몸 색깔은 전체적으로 회갈색을 띠는데, 등 부분이 진하고 배 부분이 옅은 농도의 차이가 있습니다. 성체의 몸길이는 110~170센티미터 정도지요. 주로 물고기, 오징어, 문어 등을 잡아먹고 삽니다. 근래 들어 약용으로 간을 얻기 위해 남획하는 바람에 개체 수가 많이 줄어들었지요.

　행락상어는 2개의 등지느러미가 있는데 크기가 비슷합니다. 방추형 몸에 날렵한 주둥이를 가졌지요. 입 옆에 5개의 아가미 구멍이 가지런히 자리하고, 눈동자가 큰 편입니다. 또한 꼬리지느러미 위쪽이 아래쪽보다 크며 홈이 파여 있어 눈길을 끌지요.

　행락상어는 난태생으로 번식합니다. 수정란이 어미의 몸 안에서 부화한다는 뜻이지요. 그 밖에 행락상어의 생태는 아직 밝혀지지 않은 점이 많습니다.

개상어

분류
동물계 > 척삭동물문 > 연골어강 > 까치상어과

사는곳
한국, 일본, 필리핀, 말레이시아, 싱가포르, 오스트레일리아 등

크기
몸길이 100센티미터 안팎

먹이
물고기, 오징어 등

    행락상어와 함께 까치상어과에 속합니다. 한국, 일본, 필리핀, 말레이시아, 싱가포르, 오스트레일리아 해역에 분포하지요. 주로 태평양 남쪽 바다에 서식합니다.

    개상어의 몸 색깔은 전체적으로 회색이나 회갈색을 띕니다. 등 부분의 농도가 배 부분보다 훨씬 신하지요. 2개의 등지느러미는 크기가 거의 같고, 꼬리지느러미는 위쪽이 아래쪽보다 길게 뻗은 형태입니다. 위쪽 꼬리지느러미에는 홈도 파여 있고요.

    개상어는 물고기와 연체동물을 주로 잡아먹고 삽니다. 성체의 몸길이는 100센티미터 안팎이지요. 난태생으로 번식하며, 암컷이 한배에 10마리 안팎의 새끼를 낳습니다. 평균 수명은 10~15년 정도 되는 것으로 알려져 있습니다.

28 별상어

분 류
동물계 > 척삭동물문 > 연골어강 > 까치상어과

사는곳
한국, 일본, 중국, 대만, 베트남 등

크 기
몸길이 100센티미터 안팎

먹 이
물고기, 오징어, 새우, 게, 조개 등

　개상어, 행락상어와 더불어 까치상어과에 속합니다. 개상어와 비슷하게 생겼는데, 등 부분에 흰색 반점이 흩어져 있는 점이 다르지요. 그런 특징에서 이 상어의 이름이 유래했습니다. 별상어는 한국, 일본, 중국, 대만, 베트남 해역에 분포하지요. 개상어보다 위도가 조금 높고 수심 300미터 정도 되는 바다에 주로 서식합니다.

　별상어는 몸길이 100센티미터 안팎까지 성장합니다. 방추형 몸에 주둥이가 뾰족하고, 2개의 등지느러미를 가졌지요. 등지느러미 사이의 간격은 넓은 편입니다. 꼬리지느러미는 위쪽이 아래쪽보다 길게 뻗어 있고요. 별상어는 눈이 가늘고 째진 형태라 얼핏 사나운 인상을 풍깁니다. 주로 물고기와 오징어, 새우, 게, 조개 등을 먹이로 삼지요.

　별상어는 많은 상어들이 그렇듯 난태생으로 번식합니다. 번식기의 암컷은 한배에 10~15마리의 새끼를 낳습니다. 평균 수명은 10~15년 정도입니다.

29 까치상어

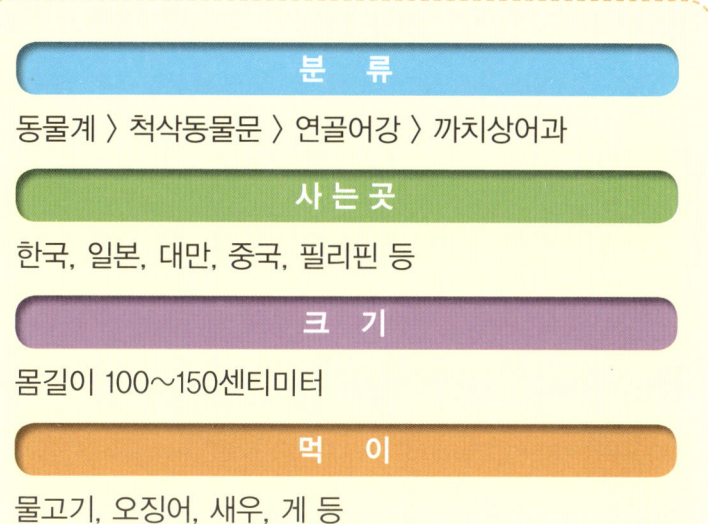

분류
동물계 〉 척삭동물문 〉 연골어강 〉 까치상어과

사는곳
한국, 일본, 대만, 중국, 필리핀 등

크기
몸길이 100~150센티미터

먹이
물고기, 오징어, 새우, 게 등

　한국, 일본, 대만, 중국, 필리핀 해역에 분포하는 상어입니다. 육지와 가까운 바다에 살며 물고기, 연체동물, 갑각류를 즐겨 잡아먹지요. 주로 밤에 먹이 활동을 하는 야행성입니다. 많은 상어들이 그렇듯 번식기가 아니면 대개 단독생활을 하지요. 난태생으로 번식하는데, 암컷은 10~20마리의 새끼를 낳습니다. 임신 기간은 9~12개월이고요.

　까치상어는 성체의 몸길이가 100~150센티미터 정도입니다. 방추형 몸에 머리가 납작한 편이며, 별상어에 비해 주둥이가 짧고 둥그런 모습이지요. 꼬리지느러미의 형태 등은 다른 까치상어과 종들과 닮았습니다. 가장 큰 차이점이라면, 무엇보다 몸에 두르고 있는 10개 정도의 진한 갈색 줄무늬를 손꼽을 수 있지요. 전체적인 몸 색깔은 등 부분이 짙은 회색이고, 배 쪽으로 갈수록 농도가 옅어집니다.

무태상어

분 류
동물계 > 척삭동물문 > 연골어강 > 흉상어과

사 는 곳
태평양, 대서양, 인도양

크 기
몸길이 230~300센티미터

먹 이
물고기, 오징어, 작은 상어 등

　태평양, 대서양, 인도양의 따뜻한 바다에 폭넓게 분포합니다. 주로 수심 100미터 안팎의 연안에 서식하지요. 흔히 말하는 식인상어 중 하나입니다. 성체의 몸길이가 230~300센티미터에 달하지요. 대체로 암컷이 수컷보다 조금 더 큽니다. 물고기와 연체동물을 비롯해 작은 상어까지 잡아먹지요.

　무태상어는 방추형 몸에 길고 둥근 주둥이를 갖고 있습니다. 2개의 등지느러미 가운데 첫 번째 것이 두 번째 것보다 훨씬 크지요. 무엇보다 가장자리가 톱니처럼 날카로운 삼각형 이빨이 눈길을 끕니다. 몸 색깔은 등 부분이 청황색을 띠고, 배 부분은 옅은 황색이지요.

　무태상어는 난태생으로 번식하며, 한배에 10~20마리의 새끼를 낳습니다. 번식기가 아니면 대부분 단독생활을 합니다.

31 흉상어

분 류
동물계 〉 척삭동물문 〉 연골어강 〉 흉상어과

사 는 곳
태평양, 대서양, 인도양

크 기
몸길이 250센티미터 안팎

먹 이
물고기, 오징어, 새우, 게, 작은 상어 등

　첫 번째 등지느러미가 높이 솟은 것이 눈에 띄는 상어입니다. 태평양, 대서양, 인도양의 따뜻한 바다에 분포하지요. 육지와 가까운 연안에서부터 수심 1천500미터가 넘는 깊은 바다까지 폭넓게 서식합니다. 주로 물고기, 연체동물, 갑각류를 비롯해 작은 상어까지 잡아먹지요. 이따금 등지느러미를 수면 위로 드러내 영화 〈조스〉를 떠올리게 하지만 사람을 해치는 경우는 별로 없다고 합니다.

　흉상어는 성체의 몸길이가 250센티미터 안팎까지 자라납니다. 몸무게도 100킬로그램이 훌쩍 넘지요. 얼핏 통통해 보이는 방추형 몸에 약간 길고 끝이 둥그스름한 주둥이, 그리고 커다란 입을 가졌습니다. 꼬리지느러미 위쪽에는 홈이 파여 있고, 첫 번째 등지느러미에 비해 두 번째 등지느러미는 작지요. 몸 색깔은 등 부분이 갈색이나 회갈색, 배 부분은 흰색을 띱니다. 번식기의 암컷은 난태생으로 10마리 안팎의 새끼를 낳지요.

32 검은꼬리상어

분류
동물계 > 척삭동물문 > 연골어강 > 흉상어과

사는곳
인도양을 비롯해 한국, 중국, 일본, 오스트레일리아 등

크기
몸길이 110~150센티미터

먹이
물고기, 오징어, 문어, 새우, 게 등

아프리카와 동남아시아 사이의 바다인 인도양에 분포합니다. 그 밖에 한국, 중국, 일본, 오스트레일리아 해역에서도 볼 수 있지요. 주로 깊은 바다보다는 연근해에 서식합니다.

검은꼬리상어는 방추형 몸에 주둥이가 길고 뾰족한 모습입니다. 첫 번째 등지느러미가 크고 날렵하게 솟은 반면, 두 번째 등지느러미는 아주 작지요. 아울러 아래쪽 꼬리지느러미보다 더 길게 뻗은 위쪽 꼬리지느러미에는 홈이 파여 있습니다. 몸 색깔은 등 부분이 회갈색이고, 배 부분은 흰색에 가깝지요. 특히 가슴지느러미와 꼬리지느러미 아래쪽이 검은빛을 띠는 특징이 있습니다.

검은꼬리상어의 몸길이는 110~150센티미터입니다. 난태생으로 번식하는데, 암컷이 한배에 3~6마리의 새끼를 낳지요. 주요 먹이는 물고기, 오징어, 문어, 새우, 게 등입니다. 옛날에는 흔한 상어였으나, 지금은 지느러미와 간 등을 얻기 위해 마구 잡아들이는 바람에 개체 수가 부쩍 줄어들었지요.

뱀상어

분류
동물계 〉 척삭동물문 〉 연골어강 〉 흉상어과

사는곳
태평양, 대서양, 인도양

크기
몸길이 500~600센티미터

먹이
물고기, 오징어, 새우, 게, 돌고래, 바다사자, 바다거북 등

몸길이가 500~600센티미터에 달하는 대형 상어입니다. 몸에 호랑이처럼 줄무늬가 있어 '호랑이상어'라고도 부르지요. 방추형 몸에, 배에서 등까지의 체고가 높습니다. 2개의 등지느러미는 간격이 넓고, 납작한 형태의 머리가 큰 편이지요. 입 안에는 톱니 모양의 날카로운 이빨이 나 있어 먹이 활동에 유리합니다. 주둥이는 짧으며, 끝 부분이 둥근 모습이지요.

뱀상어는 태평양, 대서양, 인도양의 따뜻한 바다에 널리 분포합니다. 주로 수심 150미터 안팎에 서식하지요. 주요 먹이는 물고기, 오징어, 새우, 게 등입니다. 식인상어로 알려질 만큼 성질이 난폭해 이따금 해안가의 포유동물을 잡아먹기도 하고요. 뱀상어는 난태생으로, 번식기의 암컷은 한배에 수십 마리의 새끼를 낳습니다. 임신 기간은 12개월 남짓 되는 것으로 알려져 있습니다.

34 청새리상어

분 류
동물계 > 척삭동물문 > 연골어강 > 흉상어과

사 는 곳
전 세계 온대와 열대 바다

크 기
몸길이 170~280센티미터

먹 이
물고기, 오징어, 바다새, 게 등

　전 세계 온대와 열대 바다에 널리 분포합니다. 가장 넓은 서식 범위를 가진 상어로 알려져 있지요. 대체로 수심 150~350미터의 바닷속에서 생활하는 것을 좋아합니다.

　청새리상어는 등 부분과 몸 옆면의 색깔이 푸른색을 띱니다. 그래서 영어 이름이 '블루샤크(blue shark)'지요. 날렵해 보이는 체형에, 주둥이도 기다랗고 뾰족한 모습입니다. 등지느러미와 꼬리지느러미는 여느 흉상어과 상어들과 비슷한데, 상당히 긴 가슴지느러미가 눈에 띄지요. 성체의 몸길이는 170~280센티미터 정도입니다. 하지만 이따금 300센티미터가 훌쩍 넘는 몸길이에, 몸무게도 150킬로그램 이상 되는 대형 개체가 발견되기도 하지요.

　청새리상어는 단독생활을 하면서 물고기, 오징어, 바다새, 게 등을 잡아먹고 삽니다. 태생으로 번식하는데, 암컷이 한배에 수십 마리의 새끼를 낳지요. 여기서 태생은 난태생과 의미가 약간 다릅니다. 태생은 새끼가 어미의 배 속에서 꽤 성장한 다음 세상에 나오는 것을 일컫지요. 평균 수명은 15~20년입니다.

35

펜두상어

분류
동물계 > 척삭동물문 > 연골어강 > 흉상어과

사는곳
한국, 중국, 일본, 대만, 인도차이나, 오스트레일리아, 동인도제도 등

크기
몸길이 100~120센티미터

먹이
물고기, 오징어, 문어, 새우, 게 등

한국, 중국, 일본, 대만, 인도차이나, 오스트레일리아, 동인도제도 등에 분포하는 상어입니다. 성체의 몸길이는 100~120센티미터 정도 되지요. 몸 색깔은 등 부분이 푸른색 바탕에 갈색을 띱니다. 배 부분은 누르스름하고요. 주둥이는 뾰족한 편이며, 물이나 공기가 드나드는 분수공이 없고, 2개의 등지느러미는 간격이 넓지요. 첫 번째 등지느러미와 가슴지느러미에 비해, 두 번째 등지느러미와 배지느러미는 크기가 아주 작습니다.

펜두상어는 흉상어과 중에서 몸집이 작은 종입니다. 하지만 성질이 사나워 사람에게도 해를 입힌다는 말이 있지요. 주요 먹이는 물고기와 오징어, 문어, 새우, 게 등입니다. 그 밖에 펜두상어의 생태에 대해서는 자세히 알려진 바가 별로 없습니다.

36 아구상어

분류
동물계 > 척삭동물문 > 연골어강 > 흉상어과

사는곳
한국, 일본, 대만, 인도차이나 해역 및 남태평양

크기
몸길이 200센티미터 안팎

먹이
물고기, 오징어, 문어, 새우, 게 등

 한국, 일본, 대만, 인도차이나 해역을 비롯해 남태평양에 널리 분포합니다. 수심이 깊지 않은 연안에 주로 서식하지요. 아구상어는 여느 상어와 달리 숨 쉴 때 물을 들이마시는 분수공이 없습니다. 몸은 방추형이고, 넓은 머리에 길고 뾰족한 주둥이를 갖고 있지요. 2개의 등지느러미는 간격이 넓고, 첫 번째 것에 비해 두 번째 것은 크기가 작습니다. 두 갈래의 꼬리지느러미는 위쪽이 크고 홈이 파여 있지요.

 아구상어는 몸길이 200센티미터 안팎까지 성장합니다. 주요 먹이는 물고기, 오징어, 문어, 새우, 게 등이지요. 난태생으로 번식하는데, 갓 태어난 새끼의 몸길이도 20~30센티미터에 이릅니다. 새끼들은 세상에 나오자마자 스스로 먹이 활동을 하지요. 아구상어는 비록 이빨의 가장자리가 톱니 모양이 아니지만, 남다른 사냥 실력을 자랑한다고 합니다.

37 홍살귀상어

분류
동물계 > 척삭동물문 > 연골어강 > 귀상어과

사는곳
태평양, 대서양, 인도양

크기
몸길이 300센티미터 안팎

먹이
물고기, 오징어, 새우, 게 등

　머리가 마치 망치처럼 양 옆으로 돌출되어 있는 상어입니다. 머리의 너비가 머리 길이의 약 2배나 되지요. 머리 가장자리의 중앙에는 오목한 홈이 있습니다. 양 옆으로 돌출된 머리의 양 끝에 눈이 위치하고요. 따라서 눈 사이의 거리가 꽤 멀지요. 또한 홍살귀상어는 첫 번째 등지느러미가 커다란 특징이 있습니다. 가슴지느러미의 크기도 그에 못지않지요. 두 번째 등지느러미와 배지느러미는 그보다 훨씬 작습니다.

　홍살귀상어는 태평양, 대서양, 인도양의 따뜻한 바다에 두루 분포합니다. 주로 수심 200미터 안팎의 연안에 서식하지요. 성질이 사나운 것으로 알려져 있으며 물고기, 오징어, 새우, 게 등을 즐겨 잡아먹습니다. 번식 방법은 태생으로, 한배에 20마리 안팎의 새끼를 낳지요. 성체는 몸길이 300센티미터 안팎까지 성장합니다. 몸 색깔은 등 부분이 청갈색이고, 배 부분은 흰색을 띠지요.

38 귀상어

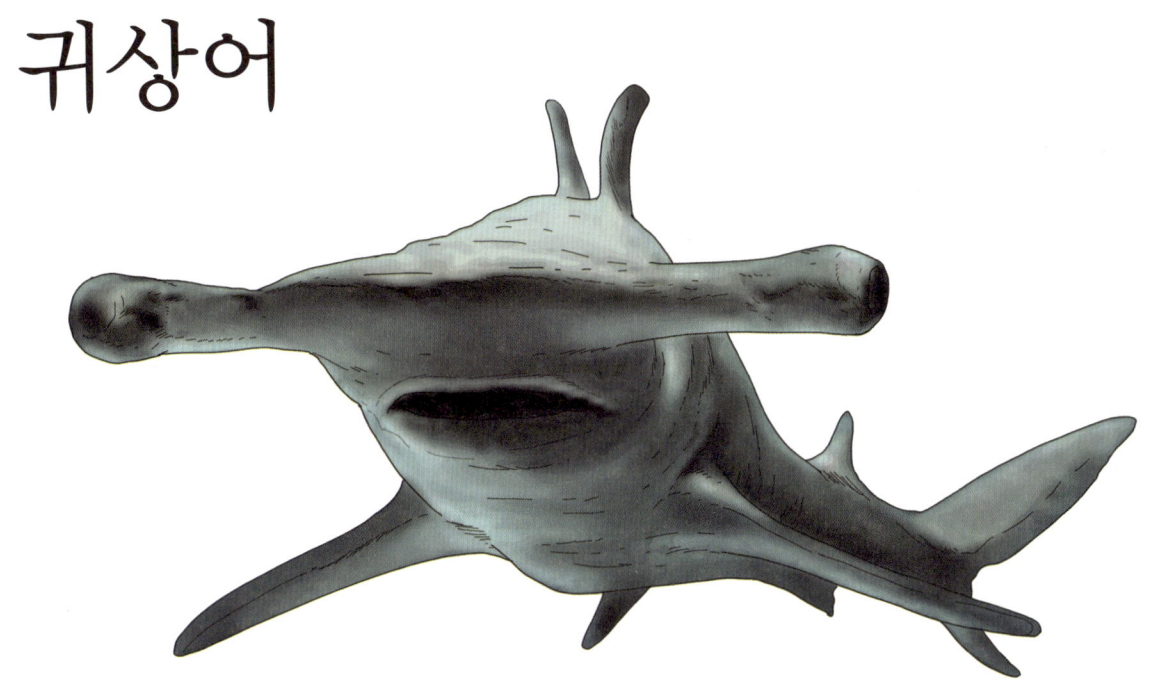

분 류
동물계 > 척삭동물문 > 연골어강 > 귀상어과

사 는 곳
전 세계의 따뜻한 바다

크 기
몸길이 250~400센티미

먹 이
물고기, 오징어, 새우, 게, 해양 동물의 사체 등

　머리의 모양이 망치처럼 생겨 '망치상어'라고도 합니다. 눈이 머리의 양쪽 끝에 달려 있어 거리가 꽤 멀지요. 머리 양 끝 부분에 위치한 콧구멍도 마찬가지입니다. 위아래 턱에는 끝이 갈라진 작은 이빨이 가지런히 나 있는데, 위턱의 이빨이 조금 더 커다랗습니다. 이빨의 가장자리는 톱니 모양이지요.

　귀상어는 몸길이가 250~400센티미터에 달합니다. 몸무게도 400킬로그램 안팎에 이르지요. 몸 색깔은 등 부분이 어두운 회색이나 올리브색을 띱니다. 배 부분은 흰색에 가깝고요. 귀상어는 군집생활을 하는데, 그 수가 수백 마리나 되기도 합니다. 주요 먹이는 가오리 등의 물고기와 오징어, 새우, 게 등이지요. 그 밖에 해양 동물의 사체를 먹기도 합니다.

　귀상어는 전 세계의 따뜻한 바다에 널리 분포합니다. 번식 방법은 태생으로, 한배에 20~50마리의 새끼를 낳지요. 근래 들어 요리 재료 등으로 남획되어 개체 수가 많이 줄어들었습니다.

39 제브라상어

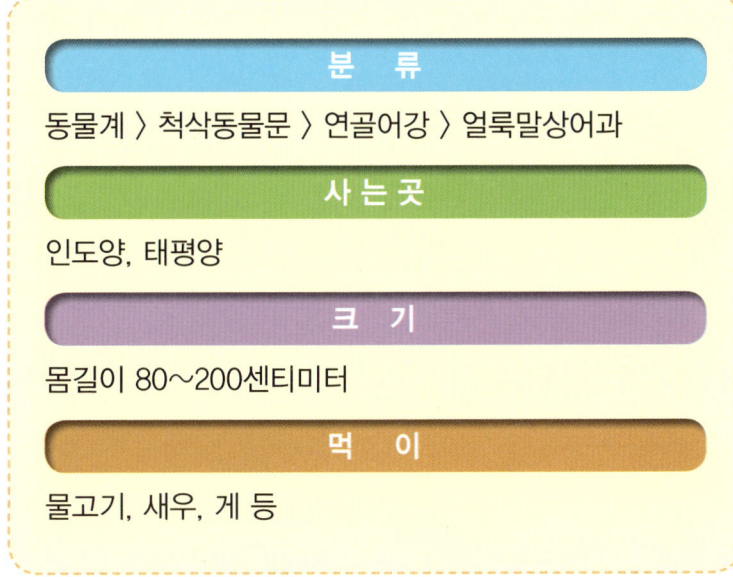

분 류
동물계 〉 척삭동물문 〉 연골어강 〉 얼룩말상어과

사 는 곳
인도양, 태평양

크 기
몸길이 80~200센티미터

먹 이
물고기, 새우, 게 등

우리말로 '얼룩말상어'라고도 합니다. 어렸을 때 몸 전체에 검고 흰 줄무늬가 있어 이와 같은 이름이 붙었지요. 하지만 성체가 되면 모습이 완전히 달라져 연갈색 몸에 검은 반점이 무수히 생겨납니다. 그 밖에도 머리에서 꼬리 쪽을 향해 3~4줄의 견고한 주름이 보이는 특징이 있지요. 또한 둥글고 큰 머리에, 꼬리지느러미가 위아래로 갈라지지 않은 점도 눈길을 끕니다. 둥글둥글한 외모에 어울리게 실제 성질도 온순하지요.

제브라상어는 인도양과 태평양에 분포합니다. 주로 수심 100미터를 넘지 않는 바닷속의 산호초와 모래바닥에 서식하지요. 성체의 몸길이는 80~200센티미터로 다양합니다. 주요 먹이는 물고기, 새우, 게 등이지요. 바다 밑바닥에서 생활하는 습성에 따라 저서성 먹잇감을 즐겨 먹습니다.

40 레몬상어

분 류
동물계 〉 척삭동물문 〉 연골어강 〉 흉상어과

사 는 곳
아메리카 대륙 연안, 아프리카의 대서양 쪽 연안, 태평양

크 기
몸길이 140~210센티미터

먹 이
물고기, 오징어, 새우, 게 등

　바닷속에서 이 상어를 만나면 왜 레몬상어라는 이름이 붙게 되었는지 단박에 알 수 있습니다. 빛이 비치면, 몸 색깔이 회색빛을 띠면서도 노르스름하게 보이기 때문이지요. 게다가 피부도 울퉁불퉁해 꼭 레몬 껍질 같다고 합니다.

　레몬상어는 몸길이가 140~210센티미터 정도입니다. 하지만 종종 300센티미터가 넘는 대형 개체도 발견되지요. 이 상어의 겉모습에는 또 다른 특징이 있는데, 첫 번째 등지느러미와 두 번째 등지느러미의 크기가 거의 같다는 점입니다. 대부분의 상어는 첫 번째 등지느러미가 눈에 띄게 크지요.

　레몬상어는 아메리카 대륙 연안을 비롯해 적도 근처의 태평양, 아프리카의 대서양 쪽 연안 등에 분포합니다. 주요 먹이는 물고기, 오징어, 새우, 게 등이지요. 번식 방법은 태생으로, 암컷이 한배에 4~17마리의 새끼를 낳습니다. 새끼들은 태어나는 순간부터 스스로 먹이 활동을 하며 성장하지요.

41 비악상어

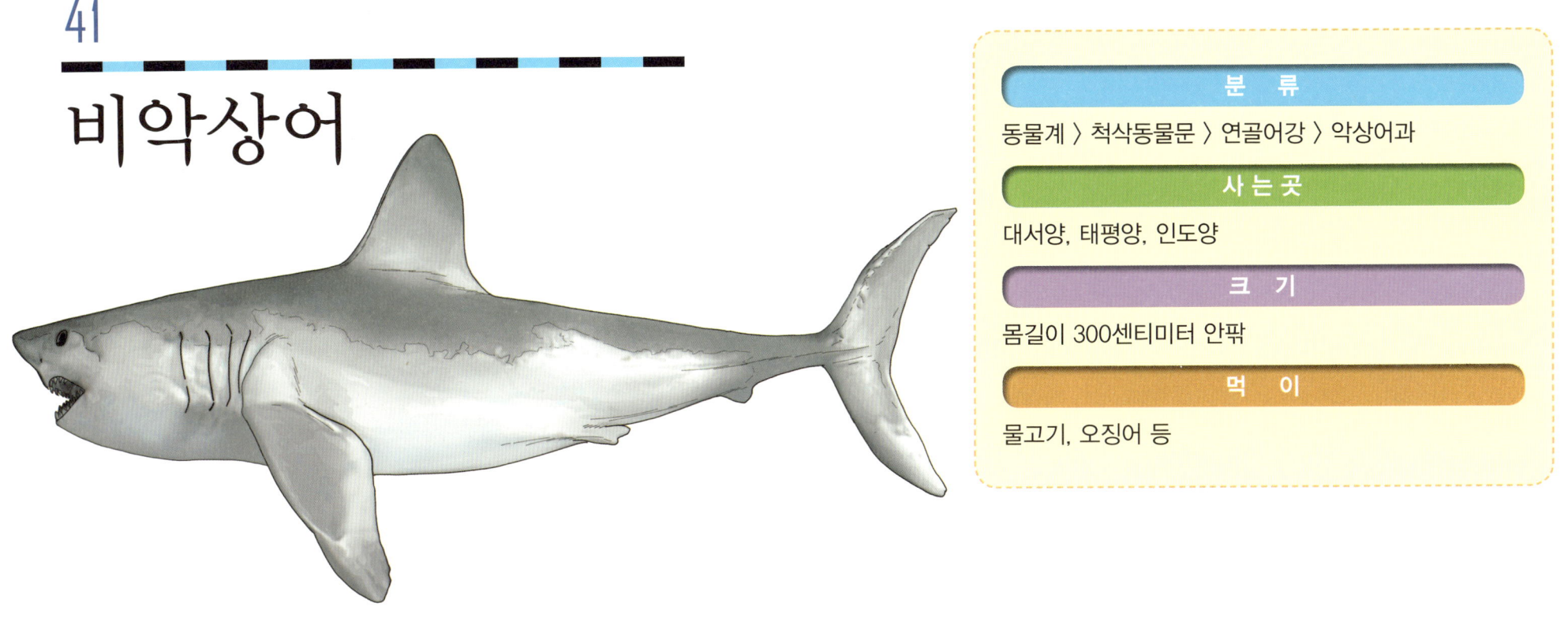

분류
동물계 > 척삭동물문 > 연골어강 > 악상어과

사는곳
대서양, 태평양, 인도양

크기
몸길이 300센티미터 안팎

먹이
물고기, 오징어 등

　대서양, 태평양, 인도양의 따뜻한 바다에 분포하는 상어입니다. 주로 수심 350미터 아래의 바다에서 생활하지요. 물고기와 오징어 같은 연체동물을 잡아먹고 삽니다.

　비악상어는 몸길이 300센티미터 안팎까지 성장합니다. 태생으로 번식하는데, 갓 태어난 새끼의 몸길이도 70~80센티미터에 달하지요. 비악상어의 몸 색깔은 등 부분이 청회색이며, 배 부분은 흰색에 가깝습니다. 몸의 형태는 방추형이고, 원뿔형의 기다란 주둥이를 갖고 있지요. 이빨의 가장자리에는 돌기가 있어 먹이 활동을 하기에 유리합니다. 한번 잡힌 사냥감은 아무리 몸부림쳐도 오톨도톨한 이빨에서 빠져나가기 어렵지요.

　그 밖에 비악상어는 5개의 아가미구멍이 길고 뚜렷하게 보입니다. 또한 첫 번째 등지느러미와 가슴지느러미가 비슷하게 크지요. 그와 달리 두 번째 등지느러미와 배지느러미는 작습니다.

42
모래뱀상어

분 류
동물계 〉 척삭동물문 〉 연골어강 〉 치사상어과
사 는 곳
태평양, 인도양, 대서양
크 기
몸길이 200~350센티미터
먹 이
물고기, 오징어, 문어 등

'뱀상어'와 이름이 비슷하지만 차이점이 많습니다. 우선 뱀상어는 흉상어과지만, 모래뱀상어는 치사상어과에 속하지요. 이 상어는 태평양, 인도양, 대서양에 널리 분포합니다. 주로 수심 200미터 이하의 바다에 서식하지요.

모래뱀상어는 상어 종류 가운데 유일하게 수면 위에서 공기를 삼켜 부력을 만들어낸다고 알려져 있습니다. 물고기와 달리 부레가 없는 상어들은 지속적으로 헤엄을 쳐야 수중에 떠 있는 것이 가능하지요. 따라서 스스로 부력을 만드는 모래뱀상어는 특별한 능력을 가진 셈입니다.

모래뱀상어는 몸길이가 200~350센티미터 정도입니다. 이빨이 날카로운데다 앞으로 튀어나와 있어 무척 사나워 보이지만 성질은 온순하지요. 난태생으로 번식하며, 암컷은 한배에 2마리의 새끼를 낳습니다. 평소 단독생활을 할 때가 많지만, 이따금 무리를 이루어 물고기 떼를 사냥하기도 하지요.

43 마귀상어

분 류
동물계 > 척삭동물문 > 연골어강 > 마귀상어과
사 는 곳
태평양, 대서양, 인도양
크 기
몸길이 200~500센티미터
먹 이
물고기, 오징어, 꼴뚜기, 문어, 새우, 게, 조개 등

'고블린상어'라고도 합니다. 독특한 외모가 눈길을 끄는 상어지요. 무엇보다 머리 앞쪽으로 길게 뻗어 나온 코가 개성적인데, 그것은 어두운 심해에서도 먹이를 감지하는 역할을 합니다. 이 상어는 수심 1천 미터가 넘는 깊은 바다에 서식하기 때문에 그와 같은 기능이 꼭 필요하지요. 분포지는 태평양, 대서양, 인도양 등 전 세계 바다입니다.

마귀상어는 대부분 몸길이 200~500센티미터까지 성장합니다. 몸 색깔도 특이해서 분홍색이나 흰색을 띠지요. 또한 몸의 형태는 꽤 날씬한 편이고, 주둥이가 길고 납작하며, 포물선 모양의 큰 입을 갖고 있습니다. 2개의 등지느러미는 크기와 모양이 비슷하고, 가슴지느러미는 작고 둥글지요. 주요 먹이는 물고기, 오징어, 꼴뚜기, 문어, 새우, 게, 조개 등입니다.

그 밖에 마귀상어의 번식과 생태에 관해서는 아직 밝혀지지 않은 것이 많습니다. 살아 있는 상태로 잡힌 개체 자체가 별로 없는 탓이지요. 신기한 생김새만큼 신비로운 상어입니다.

44 미흑점상어

분류
동물계 〉 척삭동물문 〉 연골어강 〉 흉상어과

사는곳
태평양, 대서양, 인도양

크 기
몸길이 200~330센티미터

먹 이
물고기, 오징어, 문어, 새우, 게, 조개 등

　태평양, 대서양, 인도양의 따뜻한 바다에 분포하는 상어입니다. 주로 수심 500미터 이하의 바다에 서식하지요. 몸길이 200~330센티미터이며, 방추형 몸에 체고가 꽤 되는 편입니다. 여기서 체고란, 몸의 높이를 뜻하지요. 또한 주둥이가 길고 뾰족하며, 커다란 첫 번째 등지느러미와 작은 두 번째 등지느러미의 간격이 넓고, 위쪽 꼬리지느러미에 홈이 파여 있습니다. 몸 색깔은 등 부분이 어두운 회색에 갈색이 섞여 있고, 배 부분은 흰색에 가깝지요.

　미흑점상어의 번식 방법은 난태생으로, 암컷이 한배에 10마리 안팎의 새끼를 낳습니다. 갓 태어난 새끼도 몸길이가 70~80센티미터에 이르지요. 주요 먹이는 물고기, 오징어, 문어, 새우, 게, 조개 등입니다.

45 황소상어

분 류
동물계 〉 척삭동물문 〉 연골어강 〉 흉상어과

사 는 곳
남태평양, 인도양, 대서양

크 기
몸길이 240~330센티미터

먹 이
물고기, 오징어, 게, 바다거북, 바다새, 돌고래, 작은 상어 등

　황소상어는 대표적인 식인상어 가운데 하나입니다. 성질이 난폭하기로 유명하지요. 몸길이 240~330센티미터로 식인상어 중 큰 편은 아니지만, 상대를 물어뜯는 이빨의 힘은 최고라고 할 만합니다. 게다가 황소상어는 민물에서도 살 수 있어 인간에게 끼치는 피해가 더 크지요. 흔한 경우는 아니지만, 강이나 호수에서도 사람을 공격하기 때문입니다.

　황소상어는 남태평양과 인도양, 대서양에 고루 분포합니다. 수온이 낮은 바다보다는 따뜻한 바다를 좋아하지요. 주로 연안에 서식하면서 강이나 호수까지 오르내리며 먹이 활동을 합니다. 주요 먹이는 물고기, 오징어, 게, 바다거북, 바다새, 돌고래, 작은 상어 등이지요.

　황소상어의 몸 색깔은 등 부분이 짙은 잿빛을 띠고 배 부분은 흰색에 가깝습니다. 무엇보다 길이 4센티미터에 가장자리가 톱니 모양으로 된 이빨이 눈에 띄는 특징이지요. 번식 방법은 난태생이며, 평균 수명이 12~16년으로 알려져 있습니다.

46 주름상어

분 류
동물계 〉 척삭동물문 〉 연골어강 〉 주름상어과

사는곳
일본, 중국, 오스트레일리아, 뉴질랜드, 스페인, 포르투갈, 미국, 칠레 등

크 기
몸길이 200센티미터 안팎

먹 이
물고기, 오징어, 낙지, 문어, 게, 조개 등

'살아 있는 화석'이라는 별명을 가진 상어입니다. 중생대 백악기부터 지구상에 존재한 만큼 원시적인 상어의 모습을 잘 갖추고 있지요. 일본, 중국, 오스트레일리아, 뉴질랜드, 스페인, 포르투갈, 미국, 칠레 등의 해역에 분포합니다. 육지 연안을 비롯해 수심 500미터 이하의 바다에 주로 서식하지요.

주름상어의 모습은 얼핏 거대한 장어를 떠올리게 합니다. 등지느러미가 발달하지 않았고, 그 대신 6장의 아가미덮개를 가졌지요. 그 덮개들이 마치 물결 모양의 장식인 프릴을 닮아 주름상어라는 이름을 얻게 되었습니다. 또한 커다란 입을 항상 벌리고 다니는 특이한 습성이 있지요. 몸길이는 200센티미터 안팎이며, 몸 색깔은 전체적으로 어두운 갈색을 띱니다.

주름상어는 임신 기간이 3년6개월에 이르는 것으로도 유명합니다. 그동안 암컷이 뱃속에서 새끼를 키워 세상에 내놓지요. 주요 먹이는 물고기, 오징어, 낙지, 문어, 게, 조개 등입니다.

47 뿔상어

분 류
동물계 > 척삭동물문 > 연골어강 > 돔발상어과

사 는 곳
한국, 일본, 중국 등

크 기
몸길이 50센티미터 안팎

먹 이
물고기, 해삼, 게, 성게, 조개 등

　한국, 일본, 중국의 연안에 서식합니다. 이름만 들으면 뿔이 튀어나온 큰 상어가 떠오를지 모르지만, 몸길이 50센티미터 안팎의 소형 상어지요. 몸 색깔은 등 부분이 잿빛을 띠는 갈색이고, 배 부분은 흰색입니다. 등지느러미 뒤쪽에 작은 뿔 같은 가시가 2개 있어 지금의 이름을 갖게 됐지요. 또한 뿔상어는 독특하게 생긴 코를 이용해 냄새를 잘 맡는데, 그런 능력 덕분에 바다 밑에서 성게나 조개 같은 먹이를 찾기 편리합니다.

　뿔상어는 야행성으로, 낮에는 움직임이 별로 없고 행동반경도 넓지 않습니다. 바위 틈이나 모래바닥에서 시간을 보내다가 밤이 되어서야 본격적으로 먹이 활동에 나서지요. 주요 먹이는 물고기를 비롯해 해삼, 게, 성게, 조개 등을 즐겨 잡아먹습니다. 턱의 크기에 비해 씹는 힘이 강해 단단한 껍데기에 싸인 먹잇감도 문제없이 해치우지요. 번식 방법은 난태생으로, 암컷이 10개월 남짓한 임신 기간을 거쳐 1~4마리의 새끼를 낳습니다.

48 투명상어

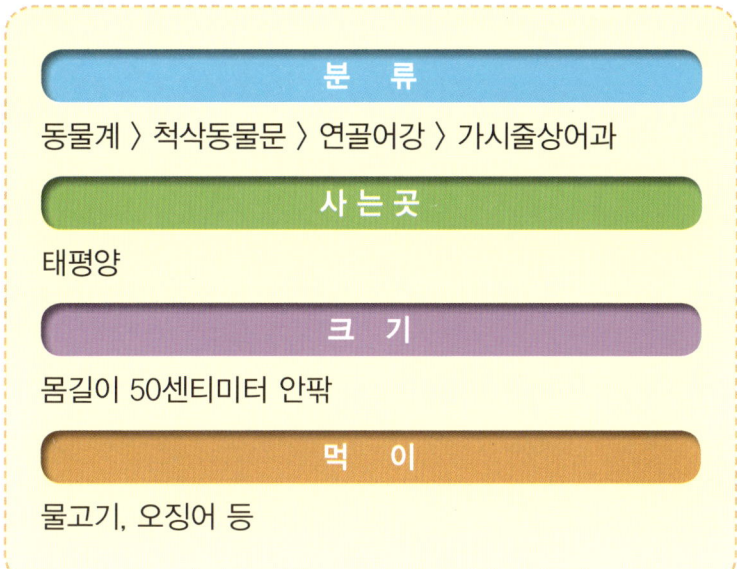

분류
동물계 〉 척삭동물문 〉 연골어강 〉 가시줄상어과

사는곳
태평양

크기
몸길이 50센티미터 안팎

먹이
물고기, 오징어 등

'랜턴상어'라고도 합니다. 천적으로부터 자신을 보호하기 위해 몸을 투명하게 만드는 특별한 능력을 갖고 있지요. 주로 태평양에 분포합니다. 수심 200~1천 미터에 서식하면서 작은 물고기와 오징어 등을 잡아먹고 살지요. 몸길이가 약 50센티미터 안팎에 불과한 소형 상어입니다. 성장 속도가 느린 종으로 알려져 있으며, 평균 수명은 20년 정도지요.

그런데 투명상어라고 해서 몸을 완전히 보이지 않게 만들 수 있는 것은 아닙니다. 피부의 특수한 조직이 태양광을 흡수했다가 빛을 왜곡시키는 방식으로, 천적이 바라보는 방향에 따라 잠시 몸을 보이지 않게 할 뿐이지요. 즉 천적이 아래쪽에서 이 상어를 바라볼 때 마치 투명망토를 입은 것 같은 착시효과를 일으키는 것입니다. 이와 같은 능력은 중생대 백악기부터 심해에서 살아온 습성이 진화한 것으로 알려져 있습니다.

49 가래상어

분 류
동물계 > 척삭동물문 > 연골어강 > 가래상어과

사 는 곳
한국, 일본, 중국, 오스트레일리아 등

크 기
몸길이 50~100센티미터

먹 이
물고기, 조개, 새우, 게 등

한국, 일본, 중국, 오스트레일리아 해역에 분포하는 상어입니다. 수심이 낮은 연근해에 서식하면서 작은 물고기와 조개, 새우, 게 등을 잡아먹지요. 몸길이는 50~100센티미터까지 성장합니다. 몸 색깔은 등 부분이 갈색이나 황갈색이고, 배 부분은 흰색에 가깝습니다. 반점은 보이지 않지요.

가래상어는 얼핏 가오리와 닮은 모습입니다. 몸이 넓고 납작한 형태인데, 특히 머리 쪽이 그렇지요. 주둥이 역시 삼각형이며, 끝은 둥그렇습니다. 눈은 등 쪽에 위치하고, 크기가 비슷한 2개의 등지느러미는 꼬리지느러미와 가깝게 있지요. 꼬리지느러미의 모습도 상어보다는 여느 물고기와 유사합니다. 번식 방법은 난태생으로, 암컷이 뱃속에서 수정란을 부화시켜 한배에 4~6마리의 새끼를 낳습니다.

50 스웰상어

분 류
동물계 > 척삭동물문 > 연골어강 > 두톱상어과

사 는 곳
미국 캘리포니아부터 멕시코 남부 해역

크 기
몸길이 80~110센티미터

먹 이
물고기, 새우, 게, 조개 등

　천적이 나타나면 몸을 복어처럼 부풀리는 특성을 가진 상어입니다. 순식간에 물을 빨아들여 몸을 2배나 크게 만들지요. 북태평양에 분포하는데, 주로 미국 캘리포니아부터 멕시코 남부 해역에서 발견됩니다. 대부분 수심 500미터 이하의 바다에 서식하지요. 깊은 바닷속에서는 빛을 흡수해 자신의 몸을 녹색 형광 빛으로 드러내기도 합니다.

　스웰상어는 몸길이가 80~110센티미터 정도입니다. 몸 색깔은 옅은 갈색으로, 등과 지느러미를 중심으로 검은 반점들이 흩어져 있지요. 야행성이며, 바위가 많거나 해조류가 풍부한 곳을 좋아합니다. 먹이 활동을 하지 않을 때는 꼬리를 입에 물어 몸을 둥그렇게 만든 모습으로 쉬기도 하지요. 그러다가 포식 상어 등이 나타나면 몸을 크게 부풀립니다.

　스웰상어의 주요 먹이는 물고기, 새우, 게, 조개 등입니다. 때로는 해양 생물의 사체도 먹어치우지요. 번식 방법은 난생으로, 한배에 2개의 알을 낳습니다. 알은 수온에 따라 7~12개월 만에 부화합니다.